PE. JOSÉ LUÍS QUEIMADO, C.SS.R.

NOVENA DE PENTECOSTES 2024

SOMOS CRISTÃOS E QUEREMOS RENOVAR A FACE DA TERRA!

APRESENTAÇÃO

Padre Eduardo Catalfo, C.Ss.R.
Reitor do Santuário Nacional

Somos cristãos e, na companhia do Espírito Santo, nos empenhamos na construção de um mundo melhor!

Há quase cinquenta anos, um dos mais famosos teólogos suíços de todos os tempos escreveu um volumoso livro, que rapidamente foi traduzido para dezenas de línguas. Na apresentação da obra *Ser cristão*, Hans Küng explica que seu livro mais popular foi escrito para aqueles que, por uma ou outra razão, querem honrada e sinceramente saber em que consiste ser cristão.

O tema da novena, que temos a alegria de apresentar, explica que ser cristão é, necessariamente, empenhar-se na construção de um mundo melhor e mais feliz para todos, sempre na companhia do Espírito Santo: **Somos cristãos e queremos renovar a face da terra!** A partir da simplicidade de nosso ser cristão, ressoa em nossos ouvidos uma súplica em forma de prece: *Envia teu Espírito, Senhor, e renova a face da terra!*

É o profeta Isaías que, pela primeira vez na Sagrada Escritura, menciona um esperançoso e bom propósito do Senhor: Deus é capaz de *"criar novos céus e nova terra"* (Is 65,17-19 e 66,22). Também nós, na companhia dos primeiros cristãos, *"esperamos novos céus e nova terra, onde habita a justiça"* (2Pd 3,13). Mas é no livro do Apocalipse de São João que o novo universo, no qual o centro é a nova humanidade, é finalmente anunciado, sobretudo para os pobres e para aqueles que vieram da grande tribulação: *"Vi então um novo céu e uma nova terra"* (Ap 21,1).

Na companhia do Espírito Santo há renovação e vida!

A novena de Pentecostes, escrita por nosso querido padre José Luís Queimado, lembra que ser cristão e renovar a face da terra é uma tarefa imprescindível, mas que só pode ser eficazmente realizada na companhia do Espírito Santo. Afinal, sem a força iluminadora do Paráclito *"nada o homem pode e nenhum bem há nele"*, como lembra a tradicional oração conhecida como Sequência de Pentecostes.

Uma das mais populares súplicas ao Espírito Santo de Deus, a belíssima oração chamada *Vinde, Espírito Santo*, lembra aos fiéis de todos os tempos que é o próprio Senhor que, ao enviar seu Espírito, torna-se capaz de criar todas as coisas e de renovar progressivamente a face da terra. O Espírito é fogo, é luz, compaixão e ternura. É o Santo Espírito que plenifica nossos corações e nos instrui no aprendizado da justiça, da retidão dos caminhos e dos bons propósitos.

Pela terceira vez, o padre Queimado nos presenteia com a Novena de Pentecostes do Santuário de Aparecida, carinhosamente publicada pela Editora Santuário. Entre outras características, a novidade desta edição é a feliz escolha de nove palavras-chaves: Paz, Fé, Eucaristia, Sabedoria, Misericórdia, Unidade, Santidade, Sagrada Escritura e Família de Deus. Para cada dia, uma dessas palavras-chaves vai inflamar nosso coração, conduzindo nossos sentidos na direção de uma profunda e decisiva experiência de Deus.

O Espírito Santo nos faz conhecer a Verdade

Outra característica digna de nota que esta novena apresenta é a riqueza do retorno às fontes, revisitando algumas das mais belas páginas da Tradição de fé da Igreja. O item número oito, chamado *Ensinamentos da Igreja*, sempre traz a reflexão do tema do dia a partir de um autor ou de um texto clássico da literatura cristã.

É nesse item, por exemplo, que vamos reencontrar os ensinamentos do Papa São Clemente Romano, que vai falar sobre a paz de quem faz o bem. Sobre a verdade da fé, vamos acompanhar os ensinamentos de Santo Inácio de Antioquia. Na companhia de São Justino Mártir vamos haurir belíssimas lições sobre a Eucaristia. Um bonito trecho do *Tratado sobre a Trindade*, escrito por Santo Agostinho, vai mostrar que a unidade cristã tem sua origem no próprio Deus Uno e Trino.

São João Paulo II, de saudosa memória, orienta-nos sobre o diálogo com a sabedoria por meio de um trecho da sua Encíclica *Fides et Ratio*, que fala sobre a relação estreita e forte que deve haver entre a fé e a razão. Nosso querido Papa Francisco, na Bula *Misericordiae Vultus*, texto que marcou a proclamação do Jubileu extraordinário da misericórdia, lembra que "o perdão é uma força que ressuscita para nova vida e infunde a coragem para olhar o futuro com esperança".

Para os últimos dias da novena, três textos foram cuidadosamente selecionados do *Concílio Vaticano II*. Sobre o chamado à santidade nos é proposto um importante capítulo da Constituição Dogmática *Lumen Gentium*. Para entender a importância da Sagrada Escritura, vamos revisitar um trecho da Constituição Dogmática *Dei Verbum*. Para compreender melhor a vida e a missão da Igreja, que é a Família de Deus, o autor nos presenteia com um texto da Constituição Pastoral *Gaudium et Spes*.

Ver, Julgar, Agir e Celebrar

Vivemos em um mundo marcado por intolerâncias, discórdias e divisões. É nesse mundo real que somos chamados pelo Deus da Vida a testemunhar nossa fé em Jesus Cristo. Como ensina o célebre teólogo jesuíta Jon Sobrino, onde se manifesta o mistério da iniquidade devemos anunciar o princípio da misericórdia. Só assim alcançaremos, por força e graça do Espírito Santo, o verdadeiro mistério de Deus.

A dinâmica celebrativa desta novena naturalmente nos conduz ao movimento de quem é capaz de ver, julgar, agir e celebrar, sempre com os olhos da fé e na companhia do Espírito Santo. Você, querido leitor, está diante de uma novena verdadeiramente bíblica e orante, que não deixa de lado a importante tarefa de atualizar a mensagem do Evangelho, sobretudo quando falamos da caridade e do carinho para com os pobres. Os textos bíblicos, sempre extraídos dos evangelhos, entre outras coisas nos ensinam que ser cristão é ser missionário sempre!

1º DIA
CONSTRUTORES DA PAZ

Canto inicial

1. INTRODUÇÃO

– Caríssimos irmãos e irmãs, que o Espírito Santo nos enriqueça de dons para renovarmos a terra: **Em nome do Pai, e do Filho e do Espírito Santo! Amém.**
– A graça e a paz de Nosso Senhor Jesus Cristo estejam sempre inundando nosso coração!
– **Amém.**

2. MOMENTO DA LUZ

– O Espírito Santo no envia um raio de luz dos céus, para que jamais nos percamos nas trevas do ódio e do rancor.
– **Santo Espírito de amor, iluminai nossos caminhos no seguimento de Jesus Cristo. Amém!**
– Rezemos juntos:
– **Vinde Espírito Santo, enchei os corações dos vossos fiéis e acendei neles o fogo do vosso Amor. Enviai o vosso Espírito e tudo será criado, e renovareis a face da terra.** *Oremos:* **Ó Deus, que instruístes os corações dos vossos fiéis, com a luz do Espírito Santo, fazei que apreciemos retamente todas as coisas, segundo o mesmo Espírito, e gozemos sempre da sua consolação. Por Cristo, Senhor nosso. Amém.**

(Acende-se a primeira vela, enquanto se canta:)

1. Espírito de Deus, enviai dos céus **um raio de luz.** Vinde, Pai dos Pobres, dai aos corações **vossos sete dons!**
2. Consolo que acalma, hóspede da alma, **doce alívio, vinde**. No labor, descanso, na aflição, remanso, **no calor, aragem!** Amém. Amém.

3. O ESPÍRITO ILUMINA NOSSA MENTE

– Para entendermos profundamente a Palavra que Jesus trouxe

do coração do Pai, precisamos permitir que o Espírito Santo opere com seu poder em nossa mente!
– Ó Santo Espírito, hóspede da alma, esclarecei nosso entendimento sobre os mistérios inalcançáveis de nossa fé. Amém!

4. FALOU PELOS PROFETAS

Refrão para a Palavra

Leitura Bíblica (Jo 20,19-23)
Na tarde desse mesmo dia, que era o primeiro da semana, estando fechadas, por medo dos judeus, as portas do lugar onde os discípulos estavam reunidos, entrou Jesus, colocou-se no meio e disse-lhes: "A paz esteja convosco!" Dizendo isto, mostrou-lhes as mãos e o peito. Os discípulos ficaram cheios de alegria ao verem o Senhor. De novo lhes disse: "A paz esteja convosco! Como o Pai me enviou, também eu vos envio". Depois dessas palavras, soprou sobre eles e disse-lhes: "Recebei o Espírito Santo. Àqueles a quem perdoardes os pecados, serão perdoados; àqueles a quem os retiverdes, serão retidos".

(Reflexão)

5. ATUALIZANDO A MENSAGEM

– Muitas vezes, nós nos acovardamos diante das perseguições e dificuldades de nossa caminhada cristã, mas o Senhor sempre nos anima, soprando sobre nós seu Espírito.
– Divino Espírito Santo, transformai o medo, que habita em nosso coração, em coragem e alegria para servir ao Reino de Deus!
– Nas Bem-aventuranças, Jesus foi bem claro ao dizer que os filhos de Deus serão reconhecidos por seu esforço em construir a paz, especialmente em um mundo onde os poderosos que promovem a guerra são admirados.
– A vós recorremos, Espírito de Deus, a fim de obtermos a graça e os dons necessários para renovarmos a face da terra, construindo a paz em um mundo que sofre com a violência e as guerras. Amém.

6. LADAINHA DO ESPÍRITO SANTO

Vinde, Santo Espírito, ao nosso coração: **E iluminai-nos!**
Vinde, Santo Espírito, ao nosso coração: **E dirigi-nos!**
Vinde, Santo Espírito, ao nosso coração: **Purificai-nos!**
Vinde, Santo Espírito, ao nosso coração: **Fortalecei-nos!**
Vinde, Santo Espírito, ao nosso coração: **Santificai-nos!**
Vinde, Santo Espírito, ao nosso coração: **E consolai-nos!**
Vinde, Santo Espírito, ao nosso coração: **E abrasai-nos!**
Vinde, Santo Espírito, ao nosso coração: **E transformai-nos!**
Vinde, Santo Espírito, ao nosso coração: **E ungi-nos!**

Vinde, Santo Espírito, ao nosso coração: **E enviai-nos!**
Vinde, Santo Espírito!

7. PRECES DOS FIÉIS

– Com a certeza de sempre sermos ouvidos por Deus, que nos ama constantemente, elevemos neste momento nossas súplicas sinceras:
– **Senhor, que a paz reine sobre nossa terra!**
1. Senhor, lembrai-vos de todas as vítimas da violência, nas cidades grandes e na periferia, em que a vida é banalizada e destruída em assaltos, vingança e assassinatos, à luz do dia. Dai o conforto a todos os que vivem o peso de tamanhas injustiças e horríveis destruições. Rezemos:
2. Senhor, voltai vosso olhar aos irmãos e irmãs que sofrem com a maldade das guerras, nas quais a vida dos pequenos é eliminada pela ganância e arrogância dos poderosos. Protegei-os das bombas, das feridas e dos traumas, possibilitando-lhes uma vida com dignidade. Rezemos:
3. Senhor, olhai com bondade para todos os vossos filhos que experimentam as consequências das desavenças e discórdias. Concedei-lhes a graça do perdão para que possam viver na tranquilidade que a paz oferece. Rezemos:
(Outras intenções)
– Acolhei em vosso coração misericordioso de Pai nossas humildes preces, dando-nos um coração semelhante ao do vosso Filho, e que seja ungido pelo Espírito Santo.
– **Amém.**

8. ENSINAMENTOS DA IGREJA

– Vamos meditar um trecho da Carta de São Clemente Romano, o quarto Papa da Igreja, endereçada à comunidade de Corinto, na Grécia, no finalzinho do Primeiro Século:

"Vocês eram todos humildes e sem vanglória, procurando mais obedecer do que mandar, mais felizes em dar do que em receber. Contentavam com as provisões de viagem fornecidas por Cristo, guardavam zelosamente as palavras dele no fundo de suas entranhas, e os sofrimentos dele estavam diante dos seus olhos. Dessa forma, uma paz profunda e radiante fora dada a todos, junto com o desejo insaciável de praticar o bem, e se espalhara sobre todos abundante efusão do Espírito Santo. Repletos de santa resolução, com prontidão de ânimo para o bem, levantavam com piedosa confiança suas mãos ao Deus Todo-poderoso, suplicando-lhe que lhes fosse propício, caso tivessem involuntariamente cometido algum pecado. Dia e noite, sustentavam combate em favor de todos os irmãos, a fim de conservar íntegro, por meio da misericórdia e da consciência, o número dos eleitos de Deus. Eram sinceros e simples uns com os outros, sem nenhum rancor. Toda briga e divisão eram abomináveis para vocês. Choravam por causa das faltas do próximo e consideravam as falhas deles como suas próprias. Jamais se arrependiam de ter feito o bem, 'prontos para toda boa obra'. Ornados de conduta virtuosa e venerada em tudo, realizavam todas as coisas no temor de Deus. Os preceitos e decisões do Senhor estavam inscritos na largueza de seu coração".

Música para as ofertas

9. MOMENTO COM MARIA

– A Mãe de Deus soube cultivar a paz no coração e semeá-la nos caminhos por onde andou.
– **Virgem Mãe, Virgem Bela, vós que fostes sempre fiel à missão que Deus Pai vos confiou, ensinai-nos a trilhar em vossos passos.**
– É certo que uma mãe que tenha mais de dois filhos vai desejar constantemente que a paz impere sobre eles, porque assim seu coração também alcança a alegria da paz.
– **Maria, Mãe da Igreja e nossa Mãe, intercedei pela concórdia e harmonia entre todos os vossos filhos. Amém.**

Canto Mariano

10. ORAÇÃO

– Rezemos juntos a belíssima oração do Papa Francisco, que se encontra em sua Encíclica sobre a Fraternidade e a Amizade Social:
– **Ó Deus nosso, Trindade de amor, a partir da poderosa comunhão da vossa intimidade divina infundi no meio de nós o rio do amor fraterno. Dai-nos o amor que transparecia nos gestos de Jesus, na sua família de Nazaré e na primeira comunidade cristã.**
– Concedei-nos, a nós cristãos, que vivamos o Evangelho e reconheçamos Cristo em cada ser humano, para O vermos crucificado nas angústias dos abandonados e dos esquecidos deste mundo e ressuscitado em cada irmão que se levanta.
– **Vinde, Espírito Santo! Mostrai-nos a vossa beleza refletida em todos os povos da terra, para descobrirmos que todos são importantes, que todos são necessários, que são rostos diferentes da mesma humanidade amada por Deus. Amém.**

11. BÊNÇÃO FINAL

– Caríssimos irmãos, ao recebermos a bênção da Trindade Santa, sejamos bênçãos por onde formos: *Pai, Filho e Espírito Santo. Amém.*
– Espalhemos a paz como um rio de amor, para que sejamos verdadeiros filhos de Deus.
– **Amém.**

Canto final

2º DIA
SEGUIDORES FIÉIS

Canto inicial

1. INTRODUÇÃO

– Invoquemos a Santíssima Trindade, para que ela nos envolva em seu amor: **Em nome do Pai, do Filho e do Espírito Santo. Amém.**
– Que a força deste encontro nos inspire sempre mais à fidelidade.
– **Queremos permanecer firmes e fortes nos caminhos do Evangelho. Amém.**

2. MOMENTO DA LUZ

– Desde tempos imemoráveis, a Igreja pede que o Espírito Santo ilumine seus caminhos, para que as trevas sejam afastadas do coração da comunidade.
– **Espírito de Deus, enviai do céu aquele raio de luz que tanto precisamos neste momento. Amém.**
– Rezemos juntos:
– **Vinde Espírito Santo, enchei os corações dos vossos fiéis e acendei neles o fogo do vosso Amor. Enviai o vosso Espírito e tudo será criado, e renovareis a face da terra.** *Oremos*: Ó Deus, que instruístes os corações dos vossos fiéis, com a luz do Espírito Santo, fazei que apreciemos retamente todas as coisas, segundo o mesmo Espírito, e gozemos sempre da sua consolação. Por Cristo, Senhor nosso. Amém.

(Acende-se a segunda vela, enquanto se canta:)

1. Consolo que acalma, hóspede da alma, **doce alívio, vinde.** No labor, descanso, na aflição, remanso, **no calor, aragem!**
2. Ao sujo, lavai. Ao seco, regai. **Curai o doente.** Dobrai o que é duro, guiai no escuro, **o frio aquecei!** Amém. Amém.

3. O ESPÍRITO ILUMINA NOSSA MENTE

– "Ninguém pode dizer: 'Jesus é

o Senhor', a não ser pelo Espírito Santo".
– **Divino Espírito Santo, iluminai nossas mentes para professarmos com sinceridade nossa fé em Jesus Cristo, nosso Senhor. Amém.**

4. FALOU PELOS PROFETAS

Refrão para a Palavra

Leitura Bíblica (Jo 6,63-69)
"O espírito é que dá a vida; a carne para nada serve. As palavras que eu vos disse são espírito e vida. Alguns de vós, porém, não acreditam." Jesus sabia muito bem, desde o começo, quais eram os que não acreditavam e quem iria entregá-lo. E acrescentou: "Por isso vos disse que ninguém pode vir a mim, se não lhe for dado por meu Pai". Desde então, muitos de seus discípulos se afastaram e não o seguiam mais. Então Jesus perguntou aos Doze: "Vós também quereis ir embora?" Simão Pedro respondeu-lhe: "Senhor, a quem iremos? Tu tens palavras de vida eterna; e nós acreditamos e sabemos que és o Santo de Deus".

Reflexão

5. ATUALIZANDO A MENSAGEM

– O Espírito que dá vida plena e abundante deve ser invocado incessantemente em nossas orações diárias.
– **Senhor, Divino Espírito, levai-nos sempre a Jesus, o Senhor da vida, porque sem ele, nós nos perdemos na caminhada diária.**
– Há tantas pessoas que se afastaram da presença de Deus e do coração da Igreja, dando ouvidos a outras propostas do mundo.
– **Que nós cristãos sejamos sempre fiéis ao chamado que Deus nos fez para renovarmos a face da terra. Amém.**

6. LADAINHA DO ESPÍRITO SANTO

Vinde, Santo Espírito, ao nosso coração: **E iluminai-nos!**
Vinde, Santo Espírito, ao nosso coração: **E dirigi-nos!**
Vinde, Santo Espírito, ao nosso coração: **Purificai-nos!**
Vinde, Santo Espírito, ao nosso coração: **Fortalecei-nos!**
Vinde, Santo Espírito, ao nosso coração: **Santificai-nos!**
Vinde, Santo Espírito, ao nosso coração: **E consolai-nos!**
Vinde, Santo Espírito, ao nosso coração: **E abrasai-nos!**
Vinde, Santo Espírito, ao nosso coração: **E transformai-nos!**
Vinde, Santo Espírito, ao nosso coração: **E ungi-nos!**
Vinde, Santo Espírito, ao nosso coração: **E enviai-nos!**
Vinde, Santo Espírito!

7. PRECES DOS FIÉIS

– As orações que partem do coração dos fiéis são a expressão de uma Igreja unida no amor de

Cristo e confiante na bondade do Pai. Rezemos juntos:
– **Senhor, recebei o nosso coração fiel!**
1. Senhor, pedimos por todos os irmãos que desistiram da caminhada de Igreja e hoje se encontram afastados de vós. Que eles possam sentir saudades de vossos abraços amorosos de Pai. Nós vos pedimos:
2. Senhor, suplicamos por todas as famílias que estão divididas por causa das diferenças de crenças de seus membros. Que a religião seja sempre um instrumento precioso de união dos seres humanos. Nós vos pedimos:
3. Senhor, lembramo-nos daqueles que perderam a fé devido a frustrações e decepções dentro das comunidades. Que nossa Igreja dê sempre testemunho de acolhida e misericórdia a todos os seus membros, para que os decepcionados e extraviados possam retornar para seus braços amorosos. Nós vos pedimos:
(Outras intenções)
– Acolhei em vosso coração misericordioso de Pai nossas humildes preces, dando-nos um coração semelhante ao do vosso Filho, e que seja ungido pelo Espírito Santo.
– **Amém.**

8. ENSINAMENTOS DA IGREJA

– Vamos meditar um trecho da Carta de Santo Inácio de Antioquia, endereçada à comunidade de Éfeso, na Ásia Menor, no comecinho do Segundo Século:

"Eu soube que por aí passaram alguns, levando maus ensinamentos. Vocês, porém, não permitiram que eles semeassem em seu meio, tapando os ouvidos para não receber o que eles semeiam, porque são as pedras do templo do Pai, preparadas para a construção de Deus Pai, levantadas até o alto pela alavanca de Jesus Cristo, que é a cruz, usando a corda, que é o Espírito Santo. Sua fé é o seu guindaste, a fé é o caminho que eleva até Deus. Vocês são todos companheiros de viagem, portadores de Deus e do templo, portadores de Cristo e do Espírito Santo, portadores dos objetos sagrados, ornados em tudo com os mandamentos de Jesus Cristo. Estou alegre com vocês, porque fui julgado digno de conversar com vocês, por meio desta carta, e de congratular-me pelo fato de que, vivendo a vida nova, vocês não amam nenhuma outra coisa além de Deus".

Música para as ofertas

9. MOMENTO COM MARIA

– Quem mais fiel do que Maria? Ela jamais desistiu, nem abandonou seu filho em nenhum momento.
– **Ó Mãe querida, nosso Perpétuo Socorro, ensinai-nos a fide-**

lidade a Jesus Cristo em todos os momentos de nossa vida.
– Consagramos nossas crianças à proteção da Virgem Maria, porque confiamos em sua sabedoria para nos guiar nos caminhos da fé.
– **Voltai para nós, ó Mãe, vosso olhar de misericórdia, para que jamais sejamos tentados a abandonar vosso Filho, que tanto nos ama. Amém.**

Canto Mariano

10. ORAÇÃO

– Rezemos juntos a belíssima oração do Papa Francisco, que se encontra em sua Encíclica sobre a Fraternidade e a Amizade Social:
– **Ó Deus nosso, Trindade de amor, a partir da poderosa comunhão da vossa intimidade divina infundi no meio de nós o rio do amor fraterno. Dai-nos o amor que transparecia nos gestos de Jesus, na sua família de Nazaré e na primeira comunidade cristã.**
– Concedei-nos, a nós cristãos, que vivamos o Evangelho e reconheçamos Cristo em cada ser humano, para O vermos crucificado nas angústias dos abandonados e dos esquecidos deste mundo e ressuscitado em cada irmão que se levanta.
– **Vinde, Espírito Santo! Mostrai-nos vossa beleza refletida em todos os povos da terra, para descobrirmos que todos são importantes, que todos são necessários, que são rostos diferentes da mesma humanidade amada por Deus. Amém.**

11. BÊNÇÃO FINAL

– Amados irmãos, que Deus vos abençoe em nome do *Pai, do Filho e do Espírito Santo. Amém.*
– Quão alegres são aqueles que entram na Casa do Senhor! Continuemos sendo propagadores dessa alegria.
– **Fazei de nós vossa morada, Senhor, ainda que sejamos indignos. Amém.**

Canto final

3º DIA
FORTALECIDOS NA EUCARISTIA

Canto inicial

1. INTRODUÇÃO

– Nós, que temos as mãos limpas e o coração puro, encontramo-nos na Casa do senhor para celebrar a vida no Espírito. **Em nome do Pai, e do Filho e do Espírito Santo. Amém.**
– Que a graça e a paz do Senhor Jesus nos fortaleçam na caminhada.
– **Amém.**

2. MOMENTO DA LUZ

– Vossas Palavras são lâmpadas para nossos pés, Espírito de Deus. Sigamos, irmãos, a luz que nos leva ao coração do Pai.
– **Santo Paráclito, vemos de longe vossa luz que clareia nossos passos. Velai por nós nesta caminhada de Igreja. Amém.**
– Rezemos juntos:
– **Vinde Espírito Santo, enchei os corações dos vossos fiéis e acendei neles o fogo do vosso Amor. Enviai o vosso Espírito e tudo será criado, e renovareis a face da terra.** *Oremos:* **Ó Deus, que instruístes os corações dos vossos fiéis, com a luz do Espírito Santo, fazei que apreciemos retamente todas as coisas, segundo o mesmo Espírito, e gozemos sempre da sua consolação. Por Cristo, Senhor nosso. Amém.**

(Acende-se a terceira vela, enquanto se canta:)

1. Ao sujo, lavai. Ao seco, regai. **Curai o doente.** Dobrai o que é duro, guiai no escuro, **o frio aquecei!**
2. Enchei, luz bendita, chama que crepita **o íntimo de nós.** Sem a luz que acode, nada o homem pode, **nenhum bem há nele!** Amém. Amém.

3. O ESPÍRITO ILUMINA NOSSA MENTE

– Sim, Espírito Santo, confiamos que vós podeis dobrar as durezas do nosso coração e abrandar a rigidez de nossa alma!
– **Que a chama acesa no íntimo de nós guie-nos quando estivermos envoltos pela falta de entendimento.**

4. FALOU PELOS PROFETAS

Refrão para a Palavra

Leitura Bíblica (Jo 6,51-58)
"Eu sou o pão vivo descido do céu. Quem comer deste pão, viverá eternamente. E o pão que eu darei é minha carne, para a vida do mundo." Os judeus começaram a discutir entre si e perguntavam: "Como ele pode dar-nos sua carne para comer?" Jesus, então, respondeu-lhes: "Na verdade, na verdade, vos digo: se não comerdes a carne do Filho do homem e não beberdes seu sangue, não tereis a vida em vós. Quem come minha carne e bebe meu sangue tem a vida eterna, e eu o ressuscitarei no último dia. Pois minha carne é verdadeira comida e meu sangue é verdadeira bebida. Quem come minha carne e bebe meu sangue permanece em mim e eu nele. Assim como o Pai, que vive, me enviou e eu vivo pelo Pai, assim também quem de mim se alimenta viverá por mim. Este é o pão que desceu do céu. Não é como aquele que vossos pais comeram, mas morreram; quem come deste pão viverá para sempre".

Reflexão

5. ATUALIZANDO A MENSAGEM

– "Do lado adormecido de Jesus na Cruz, nasceu para nós o mais sublime Sacramento", afirmava Santo Agostinho.
– **Espírito Santo, Doador dos dons, fomentai em nós um amor incondicional à Sagrada Comunhão.**
– O Senhor Jesus veio para os enfermos, pecadores, tristes e abatidos, e é no Sacramento da Comunhão que encontramos o remédio celestial para tantos males.
– **Sublime Jesus Eucarístico, Pão descido do céu, queremos nos alimentar de vossa carne e do vosso sangue para termos vida na eternidade. Amém.**

6. LADAINHA DO ESPÍRITO SANTO

Vinde, Santo Espírito, ao nosso coração: **E iluminai-nos!**
Vinde, Santo Espírito, ao nosso coração: **E dirigi-nos!**
Vinde, Santo Espírito, ao nosso coração: **Purificai-nos!**
Vinde, Santo Espírito, ao nosso coração: **Fortalecei-nos!**
Vinde, Santo Espírito, ao nosso coração: **Santificai-nos!**
Vinde, Santo Espírito, ao nosso

coração: **E consolai-nos!**
Vinde, Santo Espírito, ao nosso coração: **E abrasai-nos!**
Vinde, Santo Espírito, ao nosso coração: **E transformai-nos!**
Vinde, Santo Espírito, ao nosso coração: **E ungi-nos!**
Vinde, Santo Espírito, ao nosso coração: **E enviai-nos!**
Vinde, Santo Espírito!

7. PRECES DOS FIÉIS

– Na oração universal, recolhemos todos os pedidos da humanidade e os elevamos ao coração misericordioso do Pai. Rezemos:
– Senhor, dai-nos o Pão do céu!
1. Senhor, vós nos destes a comer o pão do céu. Pedimos, com confiança, que não deixeis nenhum de vossos filhos fora do Banquete Eucarístico, que vosso Filho nos oferece constantemente. Por isso rezamos:
2. Senhor, assim como Santo Inácio de Antioquia, queremos ser uma oferenda agradável, trigo nos dentes dos leões que nos perseguem, tornando-nos o pão puro, para dar testemunho do Evangelho no mundo. Por isso rezamos:
3. Senhor, o vosso amor é gigantesco. Santo Afonso de Ligório afirmava ser tão imenso tal amor que parecia ser loucura para a humanidade. Atraí-nos sempre para bem pertinho da Mesa Eucarística, onde encontramos acolhida, misericórdia e fortalecimento para nossa caminhada.

Por isso rezamos:
(Outras intenções)
– Acolhei em vosso coração misericordioso de Pai nossas humildes preces, dando-nos um coração semelhante ao do vosso Filho, e que seja ungido pelo Espírito Santo.
– Amém.

8. ENSINAMENTOS DA IGREJA

– Meditaremos, agora, um trecho da Primeira Apologia, obra importante de São Justino Mártir, de meados do Século II, no qual ele discorre sobre a Eucaristia:

"Este alimento se chama entre nós Eucaristia, da qual ninguém pode participar, a não ser que creia serem verdadeiros nossos ensinamentos e se lavou no banho que traz a remissão dos pecados e a regeneração e vive conforme o que Cristo nos ensinou. De fato, não tomamos essas coisas como pão comum ou bebida ordinária, mas da maneira como Jesus Cristo, nosso Salvador, feito carne por força do Verbo de Deus, teve carne e sangue por nossa salvação, assim nos ensinou que, por virtude da oração ao Verbo que procede de Deus, o alimento sobre o qual foi dita a ação de graças — alimento com o qual, por transformação, se nutrem nosso sangue e nossa carne — é a carne e o sangue daquele mesmo Jesus encarnado. Foi isso que os Apóstolos nas memórias por eles escritas, que se chamam Evangelhos, nos transmitiram que assim foi mandado a eles, quando Jesus, tomando o pão e dando graças, disse: 'Fazei isto em memória de mim, este é o meu corpo'. E igualmente, tomando o cálice e dando graças, disse: 'Este é o meu sangue', e só participou isso a eles".

Música para as ofertas

9. MOMENTO COM MARIA

– Maria, vosso ventre foi o primeiro Santo Sacrário, por isso vós o conheceis melhor do que ninguém.
– **Ó Maria Concebida sem pecado, rogai por nós, que recorremos a vós, agora e sempre.**
– A Senhora Aparecida também acolhe de braços abertos todos os seus filhos, romeiros que visitam sua casa.
– **Senhora Aparecida, Rainha e Padroeira do Brasil, levai-nos sempre à Eucaristia, Corpo e Sangue de vosso Filho. Amém!**

Canto Mariano

10. ORAÇÃO

– Rezemos juntos a belíssima oração do Papa Francisco, que se encontra em sua Encíclica sobre a Fraternidade e a Amizade Social:
– **Ó Deus nosso, Trindade de amor, a partir da poderosa comunhão da vossa intimidade divina infundi no meio de nós o rio do amor fraterno. Dai-nos o amor que transparecia nos gestos de Jesus, na sua família de Nazaré e na primeira comunidade cristã.**
– **Concedei-nos, a nós cristãos, que vivamos o Evangelho e reconheçamos Cristo em cada ser humano, para O vermos crucificado nas angústias dos abandonados e dos esquecidos deste mundo e ressuscitado em cada irmão que se levanta.**
– **Vinde, Espírito Santo! Mostrai-nos a vossa beleza refletida em todos os povos da terra, para descobrirmos que todos são importantes, que todos são necessários, que são rostos diferentes da mesma humanidade amada por Deus. Amém.**

11. BÊNÇÃO FINAL

– Irmãos, é no amor e na união da Trindade que celebramos o dom de nossa vida: *Em nome do Pai e do Filho e do Espírito Santo. Amém.*
– Quando Deus nos enviou seu Filho, presenteou-nos com o Pão do céu, que gera a vida para a eternidade.
– **Continuemos na paz e na bondade de Jesus Eucarístico. Amém.**

Canto final

4º DIA
SEDENTOS DE SABEDORIA

Canto inicial

1. INTRODUÇÃO

– Nós nos reunimos no amor da Trindade que é *Pai, Filho e Espírito Santo. Amém.*
– Paz, força e sabedoria que vêm de Deus estejam com todos.
– **O Pai é bendito e nos reúne sempre no amor de Cristo. Amém.**

2. MOMENTO DA LUZ

– O Senhor Deus ia à frente do Povo, de dia numa coluna de nuvem, para guiá-lo pelo caminho, e de noite numa coluna de fogo, para iluminá-lo.
– **Divino Espírito Santo, iluminai-nos e guiai-nos com vossa luz, a fim de que possamos caminhar com segurança nas estradas da vida. Amém!**
– Rezemos juntos:
– **Vinde Espírito Santo, enchei os corações dos vossos fiéis e acendei neles o fogo do vosso Amor. Enviai o vosso Espírito e tudo será criado, e renovareis a face da terra.** *Oremos:* **Ó Deus, que instruístes os corações dos vossos fiéis, com a luz do Espírito Santo, fazei que apreciemos retamente todas as coisas segundo o mesmo Espírito, e gozemos sempre da sua consolação. Por Cristo, Senhor nosso. Amém.**

(Acende-se a quarta vela, enquanto se canta:)

1. Enchei, luz bendita, chama que crepita **o íntimo de nós.** Sem a luz que acode, nada o homem pode, **nenhum bem há nele!**
2. Dai a vossa igreja, que espera e deseja, **vossos sete dons.** Dai, em prêmio ao forte, uma santa morte, **alegria eterna.** Amém. Amém.

3. O ESPÍRITO ILUMINA NOSSA MENTE

Como diz o Eclesiástico: "Foi Deus que, no Espírito Santo, criou a sabedoria; ele a viu, enumerou e mediu".
– **Santo Espírito de luz, dai-nos a sabedoria para assimilarmos com profundidade a Palavra que nos salva. Amém.**

4. FALOU PELOS PROFETAS

Refrão para a Palavra

Leitura Bíblica (Lc 12,8-12)
"Eu vos digo: todo aquele que se declarar a meu favor diante dos homens, também o Filho do homem vai declarar-se a seu favor diante dos anjos de Deus; mas o que me renegar diante dos homens será renegado diante dos anjos de Deus. Quem falar contra o Filho do homem alcançará perdão; mas quem blasfemar contra o Espírito Santo não terá perdão. Quando vos levarem às sinagogas, à presença dos magistrados e das autoridades, não fiqueis aflitos, imaginando como vos defendereis ou o que direis, porque o Espírito Santo vos ensinará naquela hora o que será preciso dizer."

Reflexão

5. ATUALIZANDO A MENSAGEM

– Suplicamos ao Espírito Santo que derrame em nosso coração o dom da sabedoria, para que saibamos colocar Deus em primeiro lugar em nossa vida.
– **Paráclito Protetor, concedei-nos força, coragem e sabedoria para declararmos nosso amor a Jesus diante de todos.**
– Atentar contra o Santo Espírito é um pecado gravíssimo, porque é a tentativa de destruição daquele que é mais santo e que habita nosso ser.
– **Que sejamos sempre dóceis ao Espírito, que nos protegerá nos perigos e nos orientará o que dizer em nossa caminhada missionária. Amém.**

6. LADAINHA DO ESPÍRITO SANTO

Vinde, Santo Espírito, ao nosso coração: **E iluminai-nos!**
Vinde, Santo Espírito, ao nosso coração: **E dirigi-nos!**
Vinde, Santo Espírito, ao nosso coração: **Purificai-nos!**
Vinde, Santo Espírito, ao nosso coração: **Fortalecei-nos!**
Vinde, Santo Espírito, ao nosso coração: **Santificai-nos!**
Vinde, Santo Espírito, ao nosso coração: **E consolai-nos!**
Vinde, Santo Espírito, ao nosso coração: **E abrasai-nos!**
Vinde, Santo Espírito, ao nosso coração: **E transformai-nos!**
Vinde, Santo Espírito, ao nosso coração: **E ungi-nos!**
Vinde, Santo Espírito, ao nosso coração: **E enviai-nos!**
Vinde, Santo Espírito!

7. PRECES DOS FIÉIS

– Elevemos a Deus nossas preces, com o coração confiante de que ele nos ouve e nos concede aquilo de que precisamos:
– **Senhor, criai em nós um coração sábio!**
1. Ó Deus de Amor, pedimos vosso auxílio para que tenhamos sabedoria nas palavras, de forma especial ao visitarmos os enfermos e os mais desesperados ao nosso redor. Nós vos pedimos:
2. Ó Deus de Misericórdia, dai-nos a força necessária para perdoar e para pedir o perdão, pois desejamos um coração cheio de paz e alegria enquanto fazemos nossa caminhada nesta terra. Nós vos pedimos:
3. Ó Deus de Bondade, enchei os nossos corações de sentimento de mansidão e generosidade para com os nossos irmãos mais necessitados, especialmente os mais pobres e abandonados. Nós vos pedimos:
(Outras intenções)
– Acolhei em vosso coração misericordioso de Pai nossas humildes preces, dando-nos um coração semelhante ao do vosso Filho, e que seja ungido pelo Espírito Santo.
– **Amém.**

8. ENSINAMENTOS DA IGREJA

– Ouçamos as sábias palavras do Papa São João Paulo II, em sua Encíclica *Fides et Ratio*, iluminando-nos sobre a importância da sabedoria em nossa vida:

"Entre as grandes intuições de São Tomás, conta-se a de atribuir ao Espírito Santo o papel de fazer amadurecer, como sabedoria, a ciência humana. Desde as primeiras páginas da Suma Teológica, ele quis mostrar o primado daquela sabedoria que é dom do Espírito Santo e que introduz no conhecimento das realidades divinas. A sua teologia permite compreender a peculiaridade da sabedoria na sua ligação íntima com a fé e o conhecimento de Deus: conhece por conaturalidade, pressupõe a fé e chega a formular retamente o seu juízo a partir da verdade da própria fé: A sabedoria elencada entre os dons do Espírito Santo é distinta da mencionada entre as virtudes intelectuais. De fato, esta segunda adquire-se pelo estudo; aquela, pelo contrário, provém do alto, como diz São Tiago. Mas é também distinta da fé, porque esta aceita a verdade divina tal como é, enquanto é próprio do dom da sabedoria julgar segundo a verdade divina".
Música para as ofertas

9. MOMENTO COM MARIA

– Maria abriu completamente seu coração para que o Espírito Santo amadurecesse sua sabedoria. Grande exemplo para todos nós.

– Ó Mãe do Amor, instruí-nos, com paciência, a como oferecermos nossa mente para que o Espírito Santo a modele.
– A Virgem Santa e fiel mostra-nos sempre o caminho de fidelidade e amizade com Deus, por isso voltamos nossos olhares ao seu imenso amor.
– Senhora, Mãe da humanidade, não nos deixeis cair na tentação de ofendermos o Espírito Santo pelos nossos pecados. Amém!

Canto Mariano

10. ORAÇÃO

– Rezemos juntos a belíssima oração do papa Francisco, que se encontra em sua Encíclica sobre a Fraternidade e a Amizade Social:
– Ó Deus nosso, Trindade de amor, a partir da poderosa comunhão da vossa intimidade divina infundi no meio de nós o rio do amor fraterno. Dai-nos o amor que transpareça nos gestos de Jesus, na sua família de Nazaré e na primeira comunidade cristã.
– Concedei-nos, a nós cristãos, que vivamos o Evangelho e reconheçamos Cristo em cada ser humano, para O vermos crucificado nas angústias dos abandonados e dos esquecidos deste mundo e ressuscitado em cada irmão que se levanta.
– Vinde, Espírito Santo! Mostrai-nos a vossa beleza refletida em todos os povos da terra, para descobrirmos que todos são importantes, que todos são necessários, que são rostos diferentes da mesma humanidade amada por Deus. Amém.

11. BÊNÇÃO FINAL

– Irmãos e irmãs, que a Trindade nos abençoe sempre: **Em nome do Pai, do Filho e do Espírito Santo. Amém.**
– Que o Espírito Santo nos enriqueça com sua sabedoria, agora e para sempre.
– Assim seja! Amém!

Canto final

5º DIA
PROFETAS DA MISERICÓRDIA

Canto inicial

1. INTRODUÇÃO

– É imensa a nossa alegria em nos reunirmos no dia de hoje em **nome do Pai, e do Filho e do Espírito Santo. Amém.**
– Que a graça e a força do Cristo nos encham de coragem para anunciar a Palavra.
– **Que nossa língua se prenda ao céu da boca, se de vós nos esquecermos, ó Senhor. Amém.**

2. MOMENTO DA LUZ

– Disse Jesus: "Ao acender uma lâmpada, ninguém a cobre com um vaso ou a coloca debaixo da cama; ao contrário, ela é colocada no candeeiro, para que os que entram vejam a luz".
– **Que possamos todos ver a vossa luz que ilumina os corações dos povos, ó Divino Espírito Santo. Amém.**
– Rezemos juntos:

– **Vinde Espírito Santo, enchei os corações dos vossos fiéis e acendei neles o fogo do vosso Amor. Enviai o vosso Espírito e tudo será criado, e renovareis a face da terra.** *Oremos*: Ó Deus, que instruístes os corações dos vossos fiéis, com a luz do Espírito Santo, fazei que apreciemos retamente todas as coisas, segundo o mesmo Espírito, e gozemos sempre da sua consolação. Por Cristo, Senhor nosso. Amém.

(Acende-se a quinta vela, enquanto se canta:)

1. Espírito de Deus, enviai dos céus **um raio de luz.** Vinde, Pai dos Pobres, dai aos corações **vossos sete dons!**
2. Dai a vossa igreja, que espera e deseja, **vossos sete dons.** Dai, em prêmio ao forte, uma santa morte, **alegria eterna.** Amém. Amém.

3. O ESPÍRITO ILUMINA NOSSA MENTE

– Pela falta de compreensão da Palavra de Deus, descuidamos de nossa missão de ser profetas no mundo e anunciar a misericórdia de seu coração.
– "Precisamos sempre contemplar o mistério da misericórdia. É fonte de alegria, serenidade e paz. É condição da nossa salvação". Amém.

4. FALOU PELOS PROFETAS

Refrão para a Palavra

Leitura Bíblica (Mt 11,28-30)
"Vinde a mim, vós todos que estais cansados e oprimidos, e eu vos darei descanso! Tomai sobre vós meu jugo e aprendei comigo, porque sou manso e humilde de coração, e achareis descanso para vossas almas, porque meu jugo é suave e meu peso, leve."

Reflexão

5. ATUALIZANDO A MENSAGEM

– Não há convite mais sereno e amoroso do que este que Jesus nos faz: irmos para pertinho de seu coração e encontrar um porto seguro de amor que nos espera.
– **Espírito de Deus, consolo da alma, guiai sempre os nossos passos na direção de nosso Senhor Jesus Cristo, que nos alivia as dores e os sofrimentos.**
– E Jesus não se contenta em dar alívio ao nosso cansaço e força para nossa caminhada, mas nos ensina o caminho da mansidão e da humildade.
– **Queremos ter o coração semelhante ao de Jesus, que é manso e humilde, e assim seremos profetas da misericórdia em um mundo marcado por ódio e guerras. Amém.**

6. LADAINHA DO ESPÍRITO SANTO

Vinde, Santo Espírito, ao nosso coração: **E iluminai-nos!**
Vinde, Santo Espírito, ao nosso coração: **E dirigi-nos!**
Vinde, Santo Espírito, ao nosso coração: **Purificai-nos!**
Vinde, Santo Espírito, ao nosso coração: **Fortalecei-nos!**
Vinde, Santo Espírito, ao nosso coração: **Santificai-nos!**
Vinde, Santo Espírito, ao nosso coração: **E consolai-nos!**
Vinde, Santo Espírito, ao nosso coração: **E abrasai-nos!**
Vinde, Santo Espírito, ao nosso coração: **E transformai-nos!**
Vinde, Santo Espírito, ao nosso coração: **E ungi-nos!**
Vinde, Santo Espírito, ao nosso coração: **E enviai-nos!**
Vinde, Santo Espírito!

7. PRECES DOS FIÉIS

– Bem nos prometeu Jesus: "Pedi e vos será dado! Procurai e achareis! Batei e a porta vos será aber-

ta! Pois todo aquele que pede recebe; quem procura encontra; e a quem bate, a porta será aberta". Nessa certeza, rezemos juntos:
– **Espírito de amor, fazei o nosso coração semelhante ao de Jesus!**
1. Que saibamos relevar as fraquezas dos nossos irmãos, auxiliando-os na busca pela santidade e pela conversão, com a força do perdão e da misericórdia. Rezemos:
2. Que nos afastemos sempre mais do desejo de julgar e condenar as pessoas que estão ao nosso redor, fortalecendo a consciência de que não somos juízes, mas defensores dos nossos irmãos. Rezemos:
3. Que sejamos testemunhas verdadeiras do Pai Misericordioso, que nos espera pacientemente de braços abertos, atraindo para ele, assim, os filhos mais afastados. Rezemos:
(Outras intenções)
– Acolhei em vosso coração misericordioso de Pai nossas humildes preces, dando-nos um coração semelhante ao do vosso Filho, e que seja ungido pelo Espírito Santo.
– **Amém.**

8. ENSINAMENTOS DA IGREJA

– Caríssimos, prestemos atenção nas belas e iluminadoras palavras do Papa Francisco sobre a misericórdia, retiradas da Bula *Misericordiae Vultus*:

"A arquitrave que suporta a vida da Igreja é a misericórdia. Toda a sua ação pastoral deveria estar envolvida pela ternura com que se dirige aos crentes; no anúncio e testemunho que oferece ao mundo, nada pode ser desprovido de misericórdia. A credibilidade da Igreja passa pela estrada do amor misericordioso e compassivo. A Igreja vive um desejo inexaurível de oferecer misericórdia. Talvez, demasiado tempo nos tenhamos esquecido de apontar e viver o caminho da misericórdia. Por um lado, a tentação de pretender sempre e só a justiça fez esquecer que esta é apenas o primeiro passo, necessário e indispensável, mas a Igreja precisa ir mais além, a fim de alcançar uma meta mais alta e significativa. Por outro lado, é triste ver como a experiência do perdão na nossa cultura vai rareando cada vez mais. Em certos momentos, até a própria palavra parece desaparecer. Todavia, sem o testemunho do perdão, resta apenas uma vida infecunda e estéril, como se se vivesse num deserto desolador. Chegou de novo, para a Igreja, o tempo de assumir o anúncio jubiloso do perdão. É o tempo de regresso ao essencial, para cuidar das fraquezas e dificuldades dos nossos irmãos. O perdão é uma força que ressuscita para nova vida e infunde a coragem para olhar o futuro com esperança.

Música para as ofertas

9. MOMENTO COM MARIA

– Jesus sonhou com uma Igreja acolhedora e que refletisse seu coração de misericórdia em um mundo de rigidez e indiferença.
– **Maria, Mãe dos Povos, motivai-nos a ir atrás de vossos filhos que se distanciaram da Igreja, por causa da decepção e do desânimo.**
– O Filho também aprendeu muito com a Mãe querida, pois se nutriu de seu leite materno e absorveu os valores que ela trazia em seu coração.
– **Maria de Nazaré, que ensinastes vosso Filho a falar e a andar, levai-nos pelos caminhos da misericórdia e do amor. Amém.**

Canto Mariano

10. ORAÇÃO

– Rezemos juntos a belíssima oração do Papa Francisco em sua Encíclica sobre a Fraternidade e a Amizade Social:
– **Ó Deus nosso, Trindade de amor, a partir da poderosa comunhão da vossa intimidade divina infundi no meio de nós o rio do amor fraterno. Dai-nos o amor que transparecia nos gestos de Jesus, na sua família de Nazaré e na primeira comunidade cristã.**
– Concedei-nos, a nós cristãos, que vivamos o Evangelho e reconheçamos Cristo em cada ser humano, para O vermos crucificado nas angústias dos abandonados e dos esquecidos deste mundo e ressuscitado em cada irmão que se levanta.
– **Vinde, Espírito Santo! Mostrai-nos a vossa beleza refletida em todos os povos da terra, para descobrirmos que todos são importantes, que todos são necessários, que são rostos diferentes da mesma humanidade amada por Deus. Amém.**

11. BÊNÇÃO FINAL

– O Deus cheio de misericórdia, que nos reuniu para esta Novena, mantenha-nos sempre zelosos na Igreja.
– **Amém.**
– Que continuemos na paz de Deus que é *Pai, Filho e Espírito Santo. Amém.*

Canto final.

6º DIA INSPIRADOS NA UNIDADE DA TRINDADE

Canto inicial

1. INTRODUÇÃO

– O Espírito do Senhor encheu todo o universo. Vamos adorá-lo com alegria: **Em nome do Pai, e do Filho e do Espírito Santo. Amém.**
– Senhor, vós nos chamais para evangelizar e nos dais vosso Espírito para nos guiar.
– **Fazei de nós, Senhor, o que vos parecer melhor, pois nos colocamos à vossa inteira disposição! Amém.**

2. MOMENTO DA LUZ

– Lâmpada que ilumina nossos pensamentos e nossas atitudes é o Espírito Santo, que perscruta o coração de Deus.
– **Divino Espírito de amor, luz dos corações, afastai-nos da escuridão que o mundo nos propõe. Amém.**
– Rezemos juntos:

– Vinde Espírito Santo, enchei os corações dos vossos fiéis e acendei neles o fogo do vosso Amor. Enviai o vosso Espírito e tudo será criado, e renovareis a face da terra. *Oremos*: **Ó Deus, que instruístes os corações dos vossos fiéis, com a luz do Espírito Santo, fazei que apreciemos retamente todas as coisas segundo o mesmo Espírito, e gozemos sempre da sua consolação. Por Cristo, Senhor nosso. Amém.**

(Acende-se a sexta vela, enquanto se canta:)

1. Espírito de Deus, enviai dos céus **um raio de luz.** Vinde, Pai dos Pobres, dai aos corações **vossos sete dons!**
2. Enchei, luz bendita, chama que crepita **o íntimo de nós**. Sem a luz que acode, nada o homem pode, **nenhum bem há nele!** Amém. Amém.

3. O ESPÍRITO ILUMINA NOSSA MENTE

– A chama que crepita no nosso íntimo é o poder do Espírito Santo que abre nosso entendimento ao significado mais amplo de toda a Revelação.
– **Nada podemos compreender, Divino Pai dos pobres, se vós não nos iluminardes. Amém.**

4. FALOU PELOS PROFETAS

Refrão para a Palavra

Leitura Bíblica (Mt 20,20-28)
Então aproximou-se dele a mulher de Zebedeu, com os filhos, e se ajoelhou para fazer-lhe um pedido. "Que queres?", perguntou Jesus. Ela lhe respondeu: "Ordena que, em teu Reino, esses meus dois filhos se assentem um a tua direita e outro a tua esquerda!" "Não sabeis o que estais pedindo", disse Jesus. "Sois capazes de beber o cálice que vou beber?" "Somos", responderam. E Jesus disse: "Meu cálice bebereis, mas sentar-se a minha direita e a minha esquerda não compete a mim concedê-lo; esses lugares são daqueles para os quais meu Pai os preparou". Os outros dez, que tudo ouviram, indignaram-se contra os dois irmãos. Jesus, porém, chamou-os e disse: "Sabeis que os chefes das nações as dominam e que os grandes as tiranizam. Mas entre vós não deve acontecer isso. Ao contrário, quem quiser tornar-se grande entre vós seja vosso servo; e quem quiser ser o primeiro seja vosso escravo. É assim que o Filho do homem veio, não para ser servido, mas para servir e dar a vida para resgatar a multidão".

Reflexão

5. ATUALIZANDO A MENSAGEM

– Nossa Igreja vivenciou momentos de contendas e desentendimentos desde os seus primórdios, e todas as vezes que isso acontecia, ela sangrava e sofria.
– **Espírito Santo de Deus, derramai sobre nós a humildade e a afabilidade para que lutemos contra a horrorosa divisão entre grupos de dentro da Igreja.**
– O desejo de Jesus, nosso Senhor, é que a unidade e a paz reinem entre os membros de sua Santa Igreja, e assim ela possa ser a expressão viva da essência da Trindade aqui na terra.
– **Destruamos os focos de fariseísmo que existem em nosso coração, pois foram essas atitudes intolerantes e prepotentes que colocaram nosso Senhor no alto da Cruz. Amém.**

6. LADAINHA DO ESPÍRITO SANTO

Vinde, Santo Espírito, ao nosso coração: **E iluminai-nos!**
Vinde, Santo Espírito, ao nosso coração: **E dirigi-nos!**
Vinde, Santo Espírito, ao nosso

coração: **Purificai-nos!**
Vinde, Santo Espírito, ao nosso coração: **Fortalecei-nos!**
Vinde, Santo Espírito, ao nosso coração: **Santificai-nos!**
Vinde, Santo Espírito, ao nosso coração: **E consolai-nos!**
Vinde, Santo Espírito, ao nosso coração: **E abrasai-nos!**
Vinde, Santo Espírito, ao nosso coração: **E transformai-nos!**
Vinde, Santo Espírito, ao nosso coração: **E ungi-nos!**
Vinde, Santo Espírito, ao nosso coração: **E enviai-nos!**
Vinde, Santo Espírito!

muitas tentações que se esforçam para nos seduzir insistentemente e nos levar às contendas e à desunião no seio da Mãe Igreja. Que o amor e a unidade da Trindade nos inspirem a refletir esses mesmos dons aqui entre nós. Nós vos pedimos:
(Outras intenções)
– Acolhei em vosso coração misericordioso de Pai nossas humildes preces, dando-nos um coração semelhante ao do vosso Filho, e que seja ungido pelo Espírito Santo.
– **Amém.**

7. PRECES DOS FIÉIS

– A Igreja vive na unidade; é Santa, Católica e Apostólica. Vamos apresentar ao Pai os pedidos que brotam do coração da Igreja. Rezemos:
– **Senhor, ajudai-nos a alcançar a unidade e a paz!**
1. Senhor, o vosso coração uno e trino derrama sobre todos os vossos filhos uma torrente de amor. Que sejamos abertos para receber a seiva divina que nos alimenta e nos fortalece diariamente. Nós vos pedimos:
2. Senhor, recebemos um só batismo, no mesmo Espírito, na mesma esperança. Que saibamos cultivar constantemente a unidade entre nós, membros eleitos que formam a Família de Deus. Nós vos pedimos:
3. Senhor, percebemos que há

8. ENSINAMENTOS DA IGREJA

– Santo Agostinho, em sua obra "Tratado sobre a Trindade", discorre de forma magistral sobre a unidade trinitária e nos inspira a replicarmos esse relacionamento perfeito entre os irmãos, aqui na terra. Ouçamos:

"O Pai, o Filho e o Espírito Santo perfazem uma unidade divina pela inseparável igualdade de uma única e mesma substância. Não são, portanto, três deuses, mas um só Deus, embora o Pai tenha gerado o Filho, e assim, o Filho não é o que é o Pai. O Filho foi gerado pelo Pai, e assim, o Pai não é o que o Filho é. E o Espírito Santo não é o Pai nem o Filho, mas somente o Espírito do Pai e do Filho, igual ao Pai e ao Filho e pertencente à unidade da Trindade. Contudo, a Trindade não nasceu da Virgem Maria, nem foi crucificada sob Pôncio Pilatos, nem ressuscitou ao terceiro dia, nem subiu aos céus; mas somente o Filho. A Trindade não desceu sob a forma de pomba sobre Jesus batizado, nem no dia de Pentecostes depois da ascensão do Senhor, vindo do céu como um ruído semelhante ao soprar de impetuoso vendaval e, em línguas de fogo, que vieram pousar sobre cada um deles; mas somente o Espírito Santo. A Trindade não fez ouvir do céu: Tu és meu Filho, quando Cristo foi batizado por João e no monte quando com ele estavam três discípulos; nem quando soou a voz que dizia: Eu o glorifiquei e o glorificarei novamente; mas somente a voz do Pai foi dirigida ao Filho, se bem que o Pai e o Filho e o Espírito Santo, como são inseparáveis em si, são também inseparáveis em suas operações. Esta é minha fé, pois esta é a fé católica".

Música para as ofertas

9. MOMENTO COM MARIA

– A Virgem Maria intercede por nós sem cessar, pois deseja ver seus filhos na paz e na concórdia.
– **Rainha e Senhora nossa, sabemos que a guerra entre os filhos destrói o coração dos pais. Prometemos buscar a reconciliação e o amor mútuo para alegrar o vosso coração de Mãe.**
– O Papa Francisco insiste que é possível construir um mundo de paz e fraternidade social, em sua Encíclica *Fratelli Tutti*, mesmo que os interesses do mercado e do poder sempre tentem obstruir esse projeto.
– **Senhora Aparecida, trazei todos os vossos filhos para debaixo de vosso manto, assim estaremos unidos como as pessoas da Santíssima Trindade. Amém.**

Canto Mariano

10. ORAÇÃO

– Rezemos juntos a belíssima oração do Papa Francisco, que se encontra em sua Encíclica sobre a Fraternidade e a Amizade Social:
– **Ó Deus nosso, Trindade de amor, a partir da poderosa comunhão da vossa intimidade divina infundi no meio de nós o rio do amor fraterno. Dai-nos o amor que transpareça nos gestos de Jesus, na sua família de Nazaré e na primeira comunidade cristã.**
– Concedei-nos, a nós cristãos, que vivamos o Evangelho e reconheçamos Cristo em cada ser humano, para O vermos crucificado nas angústias dos abandonados e dos esquecidos deste mundo e ressuscitado em cada irmão que se levanta.

– **Vinde, Espírito Santo!** Mostrai-nos a vossa beleza refletida em todos os povos da terra, para descobrirmos que todos são importantes, que todos são necessários, que são rostos diferentes da mesma humanidade amada por Deus. Amém.

11. BÊNÇÃO FINAL

– É do coração da Trindade que vemos jorrar a água viva que estanca nossa sede espiritual, por isso continuamos unidos **em Nome do Pai, e do Filho e do Espírito Santo. Amém.**
– Lutemos por um mundo de paz e união.
– **Partimos alegres, em nome da Trindade, para semear o amor entre os povos. Amém.**

Canto final

7º DIA
ZELOSOS PELA SANTIDADE

Canto inicial

1. INTRODUÇÃO

– Que busquemos sempre a Santidade, invocando a presença da Trindade: **Em nome do Pai, e do Filho e do Espírito Santo. Amém.**
– Que o Senhor toque o nosso coração e nos encha de alegria.
– **Queremos ser santos como vós sois Santo, ó Pai.** *Amém.*

2. MOMENTO DA LUZ

– Luz bendita que, com seu clarão, afasta as trevas e a escuridão de nossa vida.
– **Dai alívio aos nossos sofrimentos, ó Espírito de Amor, para que consigamos sair dos poços profundos e lamacentos em que nossa alma se encontra. Amém.**
– Rezemos juntos:
– **Vinde Espírito Santo, enchei os corações dos vossos fiéis e acendei neles o fogo do vosso Amor. Enviai o vosso Espírito e tudo será criado, e renovareis a face da terra.** *Oremos:* **Ó Deus, que instruístes os corações dos vossos fiéis, com a luz do Espírito Santo, fazei que apreciemos retamente todas as coisas, segundo o mesmo Espírito, e gozemos sempre da sua consolação. Por Cristo, Senhor nosso. Amém.**

(Acende-se a sétima vela, enquanto se canta:)

1. Espírito de Deus, enviai dos céus **um raio de luz.** Vinde, Pai dos Pobres, dai aos corações **vossos sete dons!**
2. Ao sujo, lavai. Ao seco, regai. **Curai o doente.** Dobrai o que é duro, guiai no escuro, **o frio aquecei!** Amém. Amém.

3. O ESPÍRITO ILUMINA NOSSA MENTE

– Para sermos santos, precisamos ouvir a Palavra e colocá-la

em prática, assim seremos Família de Jesus.
– **Que sejamos sábios, amado Espírito, para construirmos a nossa casa na rocha, que é o coração amoroso de Jesus. Amém.**

4. FALOU PELOS PROFETAS

Refrão para a Palavra

Leitura Bíblica (Lc 10,30-37)
Retomando a palavra, disse Jesus: "Um homem descia de Jerusalém a Jericó e caiu nas mãos de assaltantes, que roubaram tudo o que tinha, agrediram-no a pauladas e fugiram, deixando-o quase morto. Por acaso descia um sacerdote por aquele caminho: viu-o e seguiu adiante. De igual modo um levita, chegando àquele lugar, ao vê-lo, seguiu em frente. Um samaritano, porém, que ia de viagem, chegou perto dele e, ao vê-lo, teve compaixão. Aproximou-se dele e fez curativos em suas feridas, derramando óleo e vinho; depois montou-o em seu próprio animal, levou-o a uma pensão e cuidou dele. No dia seguinte, tirou duas moedas e, entregando-as ao hospedeiro, disse-lhe: 'Cuida dele, e o que gastares a mais, na volta, eu o pagarei'. Qual dos três, em tua opinião, comportou-se como próximo do homem que caiu nas mãos dos assaltantes?" Ele respondeu: "Aquele que o tratou com bondade". Então Jesus lhe disse: "Vai e faze o mesmo!"

Reflexão

5. ATUALIZANDO A MENSAGEM

– Não há pessoa no mundo que tenha se deparado com a Parábola do Bom Samaritano e não tenha se comovido, pela força de seus ensinamentos.
– **Divino Espírito Santo, criai em nós um coração que seja zeloso e disposto a auxiliar os caídos e abandonados, à beira das estradas da vida!**
– Quem é o nosso próximo? Jesus responde definitivamente a essa questão, apontando para a misericórdia como aquela que define um verdadeiro cristão, capaz de estender as mãos ao sofredor, não importa quem ele seja.
– **Que cultivemos a bondade como fez aquele Samaritano, que não quis dar ouvidos aos preconceitos e às diferenças culturais, e que soube cuidar daquele que mais necessitava de seu coração santo. Amém.**

6. LADAINHA DO ESPÍRITO SANTO

Vinde, Santo Espírito, ao nosso coração: **E iluminai-nos!**
Vinde, Santo Espírito, ao nosso coração: **E dirigi-nos!**
Vinde, Santo Espírito, ao nosso coração: **Purificai-nos!**

Vinde, Santo Espírito, ao nosso coração: **Fortalecei-nos!**
Vinde, Santo Espírito, ao nosso coração: **Santificai-nos!**
Vinde, Santo Espírito, ao nosso coração: **E consolai-nos!**
Vinde, Santo Espírito, ao nosso coração: **E abrasai-nos!**
Vinde, Santo Espírito, ao nosso coração: **E transformai-nos!**
Vinde, Santo Espírito, ao nosso coração: **E ungi-nos!**
Vinde, Santo Espírito, ao nosso coração: **E enviai-nos!**
Vinde, Santo Espírito!

7. PRECES DOS FIÉIS

– Vamos elevar os nossos pedidos ao Pai Santo, que está nos céus. Confiantes, rezamos juntos:
– Senhor, fazei-nos santos para sermos luz do mundo!
1. "Quem de vós que não tiverdes pecado, que atire a primeira pedra." Somos todos pecadores, mas agraciados pelo amor infinito de Deus. Aproveitemos esse amor para buscarmos a santidade. Por isso, pedimos a Deus que nos cumule de inteligência e bondade, para combatermos nossos vícios e purificarmos nossa alma. Rezemos:
2. Muitas vezes, nossos corações se enchem de ódio por algumas pessoas ou por determinados grupos da sociedade. Com essa atitude, afastamo-nos do exemplo do Bom Samaritano e ignoramos a importância da caridade e da misericórdia em nossa vida. Que o Senhor nos dê um coração de bondade como o do Bom Samaritano. Rezemos:
3. "A fé sem obras é morta", já afirmava São Tiago, em sua Epístola. Que nossa crença e nossa participação assídua na vida da comunidade cristã produzam frutos que alimentem os irmãos mais necessitados e excluídos de nosso meio. Rezemos:
(Outras intenções)
– Acolhei em vosso coração misericordioso de Pai nossas humildes preces, dando-nos um coração semelhante ao do vosso Filho, e que seja ungido pelo Espírito Santo.
– Amém.

8. ENSINAMENTOS DA IGREJA

– Acompanhemos uma linda mensagem sobre a Santidade, encontrada na Constituição Dogmática *Lumen Gentium*:

"A nossa fé crê que a Igreja, cujo mistério o sagrado Concílio expõe, é indefectivelmente santa. Com efeito, Cristo, Filho de Deus, que é com o Pai e o Espírito o único Santo, amou a Igreja como esposa, entregou-se por ela, para santificá-la, e uniu-a a si como seu corpo, cumulando-a com o dom do Espírito Santo, para glória de Deus. Por isso, todos na Igreja, quer pertençam à Hierarquia quer por ela sejam pastoreados, são chamados à santidade, segundo a palavra do Apóstolo: esta é a vontade de Deus, a vossa santificação. Essa santidade da Igreja incessantemente se manifesta, e deve manifestar-se, nos frutos da graça que o Espírito Santo produz nos fiéis; exprime-se de muitas maneiras em cada um daqueles que, no seu estado de vida, tendem à perfeição da caridade, com edificação do próximo; aparece dum modo especial na prática dos conselhos chamados evangélicos. A prática desses conselhos, abraçada sob a moção do Espírito Santo por muitos cristãos, quer privadamente quer nas condições ou estados aprovados pela Igreja, leva e deve levar ao mundo um admirável testemunho e exemplo desta santidade".

Música para as ofertas

9. MOMENTO COM MARIA

– Sim, é tão lindo saber que todos somos chamados à santidade, que é um presente que Deus distribui, sem fazer acepção de pessoas.

– Querida Maria Santíssima, vós soubestes cultivar e desenvolver o dom de vossa santidade. Mostrai os caminhos que devemos seguir para amadurecer o nosso próprio chamado à santificação.

– Vós mesma dissestes que todas as gerações iriam proclamar-vos Bem-Aventurada, a Santa de Deus. E é isso que hoje fazemos, ó Maria Dulcíssima.

– Mãe do Perpétuo Socorro, tomai-nos pelas mãos e guiai-nos para o coração do Pai, fonte da eterna e sublime santidade. Amém.

Canto Mariano

10. ORAÇÃO

– Rezemos juntos a belíssima oração do Papa Francisco, que se encontra em sua Encíclica sobre a Fraternidade e a Amizade Social:

– Ó Deus nosso, Trindade de amor, a partir da poderosa comunhão da vossa intimidade divina infundi no meio de nós o rio do amor fraterno. Dai-nos o amor que transparecia nos gestos de Jesus, na sua família de Nazaré e na primeira comunidade cristã.

– Concedei-nos, a nós cristãos, que vivamos o Evangelho e reconheçamos Cristo em cada ser humano, para O vermos crucificado nas angústias dos abandonados e dos esquecidos deste mundo e ressuscitado em cada irmão que se levanta.

– Vinde, Espírito Santo! Mostrai-nos a vossa beleza refletida em todos os povos da terra, para descobrirmos que todos são importantes, que

todos são necessários, que são rostos diferentes da mesma humanidade amada por Deus. Amém.

11. BÊNÇÃO FINAL

– Santo, três vezes Santo, é o Deus que nos cumula de bens e graças, **o Pai, o Filho e o Espírito Santo. Amém.**

– "Vós porém sois o Santo, que habitais entre os louvores do vosso povo."
– "Senhor, sei que não abandonarás a minha vida no abismo e não deixarás o teu santo experimentar a corrupção." Amém.

Canto final

8º DIA
ALIMENTADOS PELA PALAVRA

Canto inicial

1. INTRODUÇÃO

– Nós nos reunimos em nome da Trindade que é **Pai, Filho Espírito Santo. Amém.**
– O Verbo de Deus veio fazer morada no meio de nós e nos ensinar os segredos do coração do Pai.
– **Professamos a uma só voz que, "no Princípio, era a Palavra; a Palavra estava com Deus; e a Palavra era Deus". Amém.**

2. MOMENTO DA LUZ

– Com vossa luz, Espírito que é nosso consolo, somos aliviados de todos os fardos e medos, que a escuridão do pecado nos traz constantemente.
– **Espírito de Deus, habitante de nossa alma, acendei de novo, em nosso coração, a chama de vosso amor e dai-nos a alegria de viver em vossa presença. Amém.**

– Rezemos juntos:
– **Vinde Espírito Santo, enchei os corações dos vossos fiéis e acendei neles o fogo do vosso Amor. Enviai o vosso Espírito e tudo será criado, e renovareis a face da terra.** *Oremos*: Ó Deus, que instruístes os corações dos vossos fiéis, com a luz do Espírito Santo, fazei que apreciemos retamente todas as coisas, segundo o mesmo Espírito, e gozemos sempre da sua consolação. Por Cristo, Senhor nosso. Amém.

(Acende-se a oitava vela, enquanto se canta:)

1. Consolo que acalma, hóspede da alma, **doce alívio, vinde.** No labor, descanso, na aflição, remanso, **no calor, aragem!**
2. Enchei, luz bendita, chama que crepita o **íntimo de nós.** Sem a luz que acode, nada o homem pode, **nenhum bem há nele!** Amém. Amém.

3. O ESPÍRITO ILUMINA NOSSA MENTE

– Senhor, gritamos como Moisés: "Não temos os dons da palavra, como é que as pessoas me darão ouvido? Como vão se arrepender e buscar vossa presença se não sabemos falar?"
– **Divino Espírito Santo, tocai nossa língua e orientai nossa boca, ensinando-nos o que devemos dizer em nossa missão. Amém.**

4. FALOU PELOS PROFETAS

Refrão para a Palavra

Leitura Bíblica (Lc 4,14-21)
Com a força do Espírito Santo, voltou Jesus para a Galileia, e sua fama espalhou-se por toda a região. Ensinava nas sinagogas deles e era glorificado por todos. Foi a Nazaré, lugar onde tinha sido criado. No sábado, segundo seu costume, entrou na sinagoga e levantou-se para fazer a leitura. Foi-lhe dado o livro do profeta Isaías. Desenrolando o livro, encontrou a passagem onde estava escrito: "O Espírito do Senhor está sobre mim, porque me ungiu para evangelizar os pobres, mandou-me anunciar aos cativos a libertação, aos cegos a recuperação da vista, pôr em liberdade os oprimidos e proclamar um ano de graça do Senhor". Depois enrolou o livro, entregou-o ao servente e sentou-se. Todos na sinagoga tinham os olhos voltados para ele. Então começou a dizer-lhes: "Cumpriu-se hoje esta passagem da Escritura diante de vós".

Reflexão

5. ATUALIZANDO A MENSAGEM

– O Verbo se fez carne e habitou entre nós, para que pudéssemos conhecer em profundidade o coração misericordioso do Pai. E o Verbo Encarnado cumpriu sua missão com amor e na obediência.
– **Espírito Santo de Deus, perscrutai o mais recôndito de nossa alma para despertar a vontade de servir sempre ao Filho de Deus, que nos amou primeiro e nos ama sempre.**
– Senhor Jesus, vós deixastes bem claro, lá na sinagoga de Nazaré, o teor de vosso itinerário missionário: anunciar a Boa Nova aos pobres e o ano da misericórdia do Pai, libertando os cativos e devolvendo a luz para os olhos dos cegos.
– **Espírito de Deus, ungi também as nossas cabeças para que possamos continuar a obra de evangelização, inaugurada por nosso Senhor Jesus Cristo. Amém.**

6. LADAINHA DO ESPÍRITO SANTO

Vinde, Santo Espírito, ao nosso coração: **E iluminai-nos!**
Vinde, Santo Espírito, ao nosso

coração: **E dirigi-nos!**
Vinde, Santo Espírito, ao nosso coração: **Purificai-nos!**
Vinde, Santo Espírito, ao nosso coração: **Fortalecei-nos!**
Vinde, Santo Espírito, ao nosso coração: **Santificai-nos!**
Vinde, Santo Espírito, ao nosso coração: **E consolai-nos!**
Vinde, Santo Espírito, ao nosso coração: **E abrasai-nos!**
Vinde, Santo Espírito, ao nosso coração: **E transformai-nos!**
Vinde, Santo Espírito, ao nosso coração: **E ungi-nos!**
Vinde, Santo Espírito, ao nosso coração: **E enviai-nos!**
Vinde, Santo Espírito!

7. PRECES DOS FIÉIS

– Com os olhos voltados para as promessas contidas nas Sagradas Escrituras, peçamos ao Senhor Deus, com confiança, para que ouça nossas preces. Rezemos juntos:
– **Senhor, fortificai-nos com vossa Palavra!**
1. "Vós, que no princípio criastes o céu e a terra, e ao chegar à plenitude dos tempos renovastes todas as coisas, por meio de Jesus Cristo, renovai, pelo vosso Espírito, a face da terra e conduzi os homens à salvação." Nós vos pedimos.
2. Senhor, que "vossas palavras sejam gravadas em nosso coração e em nossa alma, e que sejam prendidas como um sinal na nossa mão e como um frontal entre nossos olhos". Nós vos pedimos:
3. Senhor, vós fortalecestes o profeta Ezequiel admoestando-o a não temer as palavras dos inimigos, mesmo que elas fossem como cardos e espinhos, semelhantes aos escorpiões. Que sejamos encorajados também para não desistirmos diante das perseguições e das palavras ferinas daqueles que querem nos ver destruídos. Nós vos pedimos:
(Outras intenções)
– Acolhei em vosso coração misericordioso de Pai nossas humildes preces, dando-nos um coração semelhante ao do vosso Filho, e que seja ungido pelo Espírito Santo.
– **Amém.**

8. ENSINAMENTOS DA IGREJA

– Atentemo-nos às palavras de sabedoria que vêm da Constituição Dogmática *Dei Verbum*, a respeito da importância das Sagradas Escrituras em nossa vida:

"A Igreja venerou sempre as divinas Escrituras como venera o próprio Corpo do Senhor, não deixando jamais, sobretudo na sagrada Liturgia, de tomar e distribuir aos fiéis o pão da vida, quer da mesa da palavra de Deus quer da do Corpo de Cristo. Sempre as considerou, e continua a considerar, juntamente com a sagrada Tradição, como regra suprema da sua fé; elas, com efeito, inspiradas como são por Deus, e exaradas por escrito duma vez para sempre, continuam a dar-nos imutavelmente a palavra do próprio Deus, e fazem ouvir a voz do Espírito Santo através das palavras dos profetas e dos Apóstolos. É preciso, pois, que toda a pregação eclesiástica, assim como a própria religião cristã, seja alimentada e regida pela Sagrada Escritura. Com efeito, nos livros sagrados, o Pai que está nos céus vem amorosamente ao encontro de Seus filhos, a conversar com eles; e é tão grande a força e a virtude da palavra de Deus que se torna o apoio vigoroso da Igreja, solidez da fé para os filhos da Igreja, alimento da alma, fonte pura e perene de vida espiritual. Por isso se devem aplicar por excelência à Sagrada Escritura as palavras: "A palavra de Deus é viva e eficaz, capaz de edificar e dar a herança a todos os santificados" (Hb 4,12).

Música para as ofertas

9. MOMENTO COM MARIA

– Maria, vós vos abristes completamente à ação do Espírito, ao permitir que a Palavra de Deus produzisse o fruto da vida em vosso ventre.
– **Senhora, Mãe da vida, escutai o clamor desses vossos filhos que não sabem pedir nem agradecer, orientando-os nos caminhos da Igreja.**
– Mãe do silêncio, aprendestes a evangelizar com poucas palavras, mas deixastes uma marca indelével no coração de todos os vossos filhos, por causa de vosso amor.
– **Ó Mãe e Rainha, entrai em nossa casa e levai nossa família para o coração da Palavra de Deus, e assim nossos lares sejam reconstruídos pelo poder do Verbo de Deus. Amém.**

Canto Mariano

10. ORAÇÃO

– Rezemos juntos a belíssima oração do Papa Francisco em sua Encíclica sobre a Fraternidade e a Amizade Social:
– **Ó Deus nosso, Trindade de amor, a partir da poderosa comunhão da vossa intimidade divina infundi no meio de nós o rio do amor fraterno. Dai-nos o amor que transparecia nos gestos de Jesus, na sua família de Nazaré e na primeira comunidade cristã.**
– Concedei-nos, a nós cristãos, que vivamos o Evangelho e reconheçamos Cristo em cada ser humano, para O vermos crucificado nas angústias dos abandonados e dos esquecidos deste mundo e ressuscitado em cada irmão que se levanta.
– **Vinde, Espírito Santo! Mos-**

trai-nos a vossa beleza refletida em todos os povos da terra, para descobrirmos que todos são importantes, que todos são necessários, que são rostos diferentes da mesma humanidade amada por Deus. Amém.

11. BÊNÇÃO FINAL

– Que sejamos fecundados pela Palavra que vem do **Pai, do Filho e do Espírito Santo. Amém.**

– Anunciemos o Evangelho a todas as criaturas, pois o Reino de Deus está próximo!

– **Viemos, contemplamos e agora partimos em missão. Amém.**

Canto final

9º DIA
FAMÍLIA DOS FILHOS DE DEUS

Canto inicial

1. INTRODUÇÃO

– Irmãos e irmãs, invoquemos a Santíssima Trindade, que nos adotou como filhos queridos: **Em nome do Pai, e do Filho e do Espírito Santo. Amém.**
– Somos a família que se encontra para se fortalecer pela Palavra e pela Partilha.
– **Louvemos sempre a Deus, que nos reúne no amor de Cristo e na força do Espírito! Amém.**

2. MOMENTO DA LUZ

– Quantas vezes ficamos atordoados com as tragédias e dores da vida! Tudo se torna obscurecido e nublado, mas eis que se aproxima de nós a luz que não se apaga.
– **Acendei em nós o amor, Divino Paráclito, incendiando nosso coração na caridade e na verdade. Amém.**
– Rezemos juntos:

– Vinde Espírito Santo, enchei os corações dos vossos fiéis e acendei neles o fogo do vosso Amor. Enviai o vosso Espírito e tudo será criado, e renovareis a face da terra. *Oremos*: Ó Deus, que instruístes os corações dos vossos fiéis, com a luz do Espírito Santo, fazei que apreciemos retamente todas as coisas, segundo o mesmo Espírito, e gozemos sempre da sua consolação. Por Cristo, Senhor nosso. Amém.

(Acende-se a nova vela, enquanto se canta:)

1. Consolo que acalma, hóspede da alma, **doce alívio, vinde.** No labor, descanso, na aflição, remanso, **no calor, aragem!**
2. Dai a vossa igreja, que espera e deseja, **vossos sete dons.** Dai, em prêmio ao forte, uma santa morte, **alegria eterna.** Amém. Amém.

3. O ESPÍRITO ILUMINA NOSSA MENTE

– A felicidade, conforme nos ensinou Jesus, está em ouvir a sua Palavra e colocá-la em prática, porque é isso que nos torna sua família.

– **Espírito Santo, Deus de Amor, modelai nossa mente para que entendamos perfeitamente como realizar, de forma concreta, os sonhos de Jesus em nossa vida. Amém.**

4. FALOU PELOS PROFETAS

Refrão para a Palavra

Leitura Bíblica (Jo 15,9-17)
"Como o Pai me amou, assim também vos amei. Permanecei em meu amor. Se guardais meus mandamentos, vós permanecereis em meu amor, assim como eu guardei os mandamentos de meu Pai e permaneço em seu amor. Eu vos disse estas coisas para que minha alegria esteja em vós, e vossa alegria seja plena. Este é meu mandamento: que vos ameis uns aos outros como eu vos amei. Ninguém tem maior amor do que este: dar a vida por seus amigos. Vós sois meus amigos, se fazeis o que vos mando. Não vos chamo mais de servos, porque o servo não sabe o que faz seu patrão. Mas vos chamo de amigos, porque vos manifestei tudo o que ouvi de meu Pai. Não fostes vós que me escolhestes, mas fui eu que vos escolhi e vos designei para irdes e produzirdes fruto, e para que vosso fruto permaneça, a fim de que tudo o que pedirdes a meu Pai em meu nome, ele vos conceda. Isto vos mando: que vos ameis uns aos outros!"

Reflexão

5. ATUALIZANDO A MENSAGEM

– Nós permanecemos no amor infinito e imensurável de Deus, quando nos esforçamos para viver os Mandamentos que ele nos deixou, e o maior deles é exatamente o amor.

– **Queremos fazer sempre o que vós nos mandais, Senhor Jesus, porque não há prêmio maior do que sermos chamados de vossos amigos.**

– O Senhor Jesus nos escolheu, em sua infinita misericórdia, e confiou em nossa capacidade e fidelidade, para cumprirmos a missão da qual nos encarregou.

– **Espírito Santo, Pai dos pobres e Doador dos dons, embebei-nos daquele amor maior e mais sublime, que é o de dar a vida pelos irmãos. Amém.**

6. LADAINHA DO ESPÍRITO SANTO

Vinde, Santo Espírito, ao nosso coração: **E iluminai-nos!**
Vinde, Santo Espírito, ao nosso coração: **E dirigi-nos!**
Vinde, Santo Espírito, ao nosso

coração: **Purificai-nos!**
Vinde, Santo Espírito, ao nosso coração: **Fortalecei-nos!**
Vinde, Santo Espírito, ao nosso coração: **Santificai-nos!**
Vinde, Santo Espírito, ao nosso coração: **E consolai-nos!**
Vinde, Santo Espírito, ao nosso coração: **E abrasai-nos!**
Vinde, Santo Espírito, ao nosso coração: **E transformai-nos!**
Vinde, Santo Espírito, ao nosso coração: **E ungi-nos!**
Vinde, Santo Espírito, ao nosso coração: **E enviai-nos!**
Vinde, Santo Espírito!

7. PRECES DOS FIÉIS

– Sabemos que o Pai nos ouve, porque Jesus nos revelou que, se pedirmos com fé, a porta sempre será aberta para todos nós. Peçamos, portanto, com muita confiança:
– **Senhor, recebei-nos em vossa família!**
1. Santo Deus, velai sobre a nossa família, que também é vossa, afastando-a de todos os males, perigos, tentações, ameaças e violência. Que vivamos na harmonia e no amor mútuo, como a Família Sagrada de Nazaré. Nós vos pedimos:
2. Pai Santo, auxiliai as nossas comunidades eclesiais a crescerem na unidade, fortalecendo-as na esperança e na bondade para com todos. Que elas sejam a porta da salvação para tanta gente que está nos chiqueiros da vida. Nós vos pedimos:
3. Divino Pai Eterno, derramai a paz e a concórdia sobre todos os movimentos e pastorais de nossa Igreja, para que sejam verdadeiros continuadores da misericórdia de vosso Filho, na acolhida ao próximo, principalmente os mais pobres e abandonados. Nós vos pedimos:
(Outras intenções)
– Acolhei em vosso coração misericordioso de Pai nossas humildes preces, dando-nos um coração semelhante ao do vosso Filho, e que seja ungido pelo Espírito Santo.
– **Amém.**

8. ENSINAMENTOS DA IGREJA

– Vamos ouvir um trecho da Constituição Pastoral *Gaudium et Spes*, para que entendamos com mais profundidade a missão da Igreja:

"A Igreja, que tem a sua origem no amor do eterno Pai, foi fundada, no tempo, por Cristo Redentor, e reúne-se no Espírito Santo, tem um fim salvador e escatológico, o qual só se poderá atingir plenamente no outro mundo. Mas ela existe já atualmente na terra, composta de homens que são membros da cidade terrena e chamados a formar já na história humana a família dos filhos de Deus, a qual deve crescer continuamente até a vinda do

Senhor. Unida em vista dos bens celestes e com eles enriquecida, esta família foi por Cristo constituída e organizada como sociedade neste mundo, dispondo de convenientes meios de unidade visível e social. Deste modo, a Igreja, simultaneamente agrupamento visível e comunidade espiritual, caminha juntamente com toda a humanidade, participa da mesma sorte terrena do mundo e é como que o fermento e a alma da sociedade humana, a qual deve ser renovada em Cristo e transformada em família de Deus".

Música para as ofertas

9. MOMENTO COM MARIA

– Nossa Senhora do Equilíbrio, vós aceitastes, sem hesitação, nos receber como filhos amados debaixo de vossa proteção. Do alto da Cruz, vosso Filho vos chamou para mais uma missão, e vós não vos negastes a responder o chamado.
– **Senhora e nossa Mãe, explicai para nosso coração como corresponder aos planos, que vosso Filho apresenta constantemente para nós.**
– A Igreja, enriquecida pela presença materna de Maria, estende os braços para receber todos aqueles que estão afastados de seu coração misericordioso.
– **Hoje, com confiança e certeza, nós vos pedimos, ó Mãe das graças, que nos ajudeis a termos o coração semelhante ao do vosso Filho, repleto do maior amor que existe: o que se doa totalmente ao próximo. Amém.**

Canto Mariano

10. ORAÇÃO

– Rezemos juntos a belíssima oração do Papa Francisco, que se encontra em sua Encíclica sobre a Fraternidade e a Amizade Social:
– **Ó Deus nosso, Trindade de amor, a partir da poderosa comunhão da vossa intimidade divina infundi no meio de nós o rio do amor fraterno. Dai-nos o amor que transparecia nos gestos de Jesus, na sua família de Nazaré e na primeira comunidade cristã.**
– Concedei-nos, a nós cristãos, que vivamos o Evangelho e reconheçamos Cristo em cada ser humano, para O vermos crucificado nas angústias dos abandonados e dos esquecidos deste mundo e ressuscitado em cada irmão que se levanta.
– **Vinde, Espírito Santo! Mostrai-nos a vossa beleza refletida em todos os povos da terra, para descobrirmos que todos são importantes, que todos são necessários, que são rostos diferentes da mesma humanidade amada por Deus. Amém.**

11. BÊNÇÃO FINAL

– Somos família de Deus, ele que é *Pai, Filho e Espírito Santo. Amém.*
– Permaneçamos no amor de Cristo, cumprindo seus mandamentos e levando a Boa Nova aos pobres!
– Enviai-nos, Senhor, para vossa Santa Missão. Amém.

Canto final

CÂNTICOS

REFRÃO ORANTE

1. Preenche meu ser
D.R. (CELMU-SP)

Preenche meu ser,/ preenche meu ser,/ Espírito, unge meu ser,/ em ondas de amor!/ Ó vem sobre mim!/ Espírito, unge meu ser!

2. Espírito de Deus, toma conta de mim
Ir. Miria T. Kolling, ICM

1. Espírito de Deus, toma conta de mim,/ toma conta de mim!.../ Espírito de Deus, Espírito de Deus,/ toma conta de mim!
2. Espírito de Deus, toma conta de nós,/ toma conta de nós!.../ Espírito de Deus, Espírito de Deus,/ toma conta de nós!

3. Vem, Santo Espírito
Versão: Maria do Rosário / Pe. Joãozinho, scj

1. Vem, Santo Espírito,/ visita os corações;/ com tua graça,/ vem nos socorrer.
2. Brisa suave,/ fogo abrasador,/ dom do alto céu,/ fonte de amor.

ABERTURA

4. Estaremos aqui reunidos
L.: Pe. Lúcio Floro/ M.: Ir. Miria T. Kolling, ICM

Estaremos aqui reunidos,/ como estavam em Jerusalém,/ pois, *só quando vivemos unidos,/* **é que o Espírito Santo nos vem.**

1. Ninguém para esse vento passando;/ ninguém vê e ele sopra onde quer./ Força igual tem o Espírito quando/ faz a Igreja de Cristo crescer.
2. Feita de homens, a Igreja é divina,/ pois o Espírito Santo a conduz,/ como um fogo, que aquece e ilumina,/ que é Pureza, que é Vida, que é Luz.
3. Sua imagem são línguas ardentes,/ pois Amor é comunicação./ E é preciso que todas as gentes/ saibam quanto felizes serão.
4. Quando o Espírito espalma suas graças,/ faz dos povos um só coração./ Cresce a Igreja, onde todas as raças/ um só Deus, um só Pai louvarão.

5. Vinde, Espírito de Deus
L.: J. Thomaz Filho/ M.: Frei Fabretti, OFM

1. Vinde, Espírito de Deus,/ e enchei os corações/ dos fiéis com vossos dons./ Acendei neles o amor/ como um fogo abrasador/ vos pedimos, ó Senhor.

E cantaremos aleluia!/ E a nossa terra renovada ficará./ Se vosso Espírito, Senhor, nos enviar.

2. Vós unistes tantas gentes,/ tantas línguas diferentes/ numa fé, na unidade./ Pra buscar sempre a verdade/ e servir o vosso Reino/ com a mesma caridade.

6. A nós descei, divina luz
Versão: Reginaldo Veloso/ M.: Folc Música (refrão); Reginaldo Veloso (estrofes)

A nós descei, divina luz!/ A nós descei, divina luz!/ Em nossas almas acendei/ o amor, o amor de Jesus,/ o amor, o amor de Jesus!
1. Vinde, Santo Espírito,/ e do céu mandai/ luminoso raio,/ luminoso raio!
Vinde, Pai dos pobres,/ doador dos dons,/ luz dos corações,/ luz dos corações!
Grande defensor,/ em nós habitai/ e nos confortai,/ e nos confortai.
Na fadiga, pouso,/ no ardor, brandura/ e, na dor, ternura,/ e, na dor, ternura!
2. Ó luz venturosa,/ divinais clarões,/ encham os corações,/ encham os corações.
Sem um tal poder,/ em qualquer vivente/ nada há de inocente,/ nada há de inocente!
Lavai o impuro/ e regai o seco,/ sarai o enfermo,/ sarai o enfermo!
Dobrai a dureza,/ aquecei o frio,/ livrai do desvio,/ livrai do desvio!
3. Aos fiéis que oram/ com vibrantes sons/ dai os sete dons,/ dai os sete dons!
Dai virtude e prêmio/ e, no fim dos dias,/ eterna alegria,/ eterna alegria!
Aleluia, aleluia, aleluia, aleluia! (bis)

7. Ó vinde, Espírito Criador
L.: Liturgia das Horas/ M.: Frei Fabreti, OFM
1. Ó vinde, Espírito Criador,/ as nossas almas visitai/ e enchei os nossos corações/ com vossos dons celestiais.
2. Vós sois chamado o Intercessor/ do Deus excelso o dom sem par,/ a fonte viva, o fogo, o amor,/ a unção divina e salutar.
3. Sois doador dos sete dons/ e sois poder na mão do Pai,/ por Ele prometido a nós,/ por nós seus feitos proclamai.
4. A nossa mente iluminai,/ os corações enchei de amor,/ nossa fraqueza encorajai,/ qual força eterna e protetor.
5. Nosso inimigo repeli/ e concedei-nos vossa paz;/ se pela graça nos guiais,/ o mal deixamos para trás.
6. Ao Pai e ao Filho Salvador/ por vós possamos conhecer./ Que procedeis do seu amor/ fazei-nos sempre firmes crer.

8. Luz que vem do alto
L.: Frei Telles Ramon, O. de M. e Frei Décio Pacheco, OFMCap/ M.: Frei Décio Pacheco, OFMCap

Luz que vem do alto./ Luz que traz a vida./ Vem brilhar em nós,/ ó Luz Divina!
1. Ó Pai santo, teu amor criou o mundo,/ nós cantamos teu Mistério Criador.
2. Filho amado, és o Verbo que redime,/ nós cantamos teu Mistério Redentor.
3. Ó Divino, Defensor da humanidade,/ nós cantamos teu Mistério de Amor.

REFRÃO À PALAVRA

9. Aleluia! Vinde, Espírito de Deus
Letra: Lecionário Dominical/ M.: Frei Joel Postma, OFM

Aleluia, aleluia, aleluia! (bis)
Vinde, Espírito de Deus,/ e enchei os corações dos fiéis com vossos dons!/ Acendei neles o amor/ como um fogo abrasador!

10. Aleluia! Cantamos vibrando
L.: Pe. Lúcio Floro/ M.: Ir. Miria T. Kolling, ICM

1. Aleluia! Cantamos vibrando ao ouvir o Evangelho de pé./ Fala o Espírito Santo a nós quando/ a Palavra acolhemos com fé.
2. Aleluia! aleluia! Nós cremos./ Mas iremos nós crer muito mais, pois, se aqui sons e letras colhemos,/ luz e graça em nossa alma semeais. Aleluia! Aleluia!

11. Aleluia! É o nosso canto
L.: Pe. Lúcio Floro/ M.: André Zamur

Aleluia! É o nosso canto!/ Jesus Cristo vai falar!/ E o Espírito, que é Santo,/ é quem vai nos explicar!
Santo e Santificador,/ ilumina nossa mente,/ e o fogo do vosso Amor/ encha o coração da gente,/ encha o coração da gente!

GESTO CONCRETO

12. Sabes, Senhor
Lindberg Pires

Sabes, Senhor, o que temos é tão pouco pra dar,/ mas este pouco nós queremos com os irmãos compartilhar.
1. Queremos nesta hora, diante dos irmãos,/ comprometer a vida buscando a união.
2. Sabemos que é difícil os bens compartilhar,/ mas com a tua graça, Senhor, podemos dar.
3. Olhando o teu exemplo, Senhor, vamos seguir/ fazendo o bem a todos sem nada exigir.

13. No teu altar, Senhor
Ir. Miria T. Kolling, ICM

No teu altar, Senhor,/ coloco a minha vida em oração.
1. A alegria de te amar e ser amado/ quero em tuas mãos depositar.
2. O desejo de ser bom e generoso/ faz-me viver com mais amor.
3. Os amigos que me deste e que são teus;/ tudo entrego a ti, Senhor.

MOMENTO MARIANO

14. Maria, ó Mãe cheia de graça
Ir. Miria T. Kolling, ICM

Maria, ó mãe cheia de graça;/ Maria, protege os filhos teus./ Maria, Maria, nós queremos contigo estar nos céus.
1. Aqui servimos a Igreja do teu Filho,/ sob o teu imaculado coração./ Dá-nos a bênção, e nós faremos/ de nossa vida uma constante oblação.
2. A nossa vida é feita de esperança,/ paz e flores nós queremos semear./ Felicidade somente alcança/ quem cada dia se dispõe a caminhar.
3. Ah! Quem me dera poder estar agora/ festejando lá céu, nosso Senhor!/ Mas sei que chega a minha hora,/ então, feliz, eu cantarei o seu louvor.

15. Dulcíssima esperança
Santo Afonso Maria de Ligório

1. Dulcíssima esperança,/ meu belo amor, Maria./ Tu és minha alegria,/ a minha paz és tu./

Quando teu nome eu chamo/ e em ti, Maria, eu penso,/ *então um gáudio imenso/ me rouba o coração. (bis)*

2. Se algum mau pensamento/ vem perturbar a mente,/ se esvai, apenas sente,/ teu nome ressoar./ Nos mares deste mundo,/ tu és a estrela amiga/ que o meu barquinho abriga,/ *e o pode enfim salvar. (bis)*

3. Debaixo do teu manto,/ minha Senhora linda,/ quero viver e, ainda,/ espero aqui morrer,/ porque, se a ti amando,/ me toca feliz sorte/ de te invocar na morte,/ *terei seguro o céu. (bis)*

4. Estende-me os teus braços;/ de amor serei cativo./ No mundo enquanto vivo,/ serei fiel a ti./ Meu coração é presa/ do teu amor clemente./ A Deus farás presente/ *do que já não é meu. (bis)*

FINAL

16. O amor de Deus cobriu
L.: Pe. Lúcio Floro/ M.: Ir. Míria T. Kolling, ICM

1. O amor de Deus cobriu/ rios e mares no princípio./ Foi assim que a terra viu desabrochar/ o colorido festival/ de flores mil.

Vós sois amor e Vida,/ por isso a vida só vale no amor, no amor!

2. O amor de Deus desceu/ bem no fundo das pessoas./ Foi assim que o mundo viu gente sorrir/ e muita gente se encontrar/ num doce olhar.

3. O amor de Deus brilhou/ bem no centro, em nossa história./ Foi assim que se entendeu: só é feliz,/ e só tem glória, e tem poder quem sabe amar.

17. Vem, Espírito de Luz
L.: Pe. Lúcio Floro/ M.: André Zamur

1. Foi no seio de Maria/ que Jesus a recebeu:/ a Unção que o faria/ Filho só do Pai do Céu!

Vem, Espírito de Luz!/ Santo Espírito Divino, vem/ fazer a Mãe de Jesus/ ser a nossa Mãe também!

2. E bem junto de Maria/ nossa Igreja viu baixar/ toda força que teria/ pra Jesus anunciar.

3. Hoje tantos desunidos/ vivem sem calor nem luz:/ por Maria reunidos,/ vamos lhes levar Jesus.

Direção editorial:	Pe. Fábio Evaristo R. Silva, C.Ss.R.
	Pe. José Luís Queimado, C.Ss.R.
Coordenação editorial:	Ana Lúcia de Castro Leite
Diagramação:	Mauricio Pereira
Capa:	Artur Santoni Araujo Bastos

Todos os direitos reservados à **EDITORA SANTUÁRIO** – 2024

Rua Pe. Claro Monteiro, 342 – 12570-045 – Aparecida-SP
Tel.: 12 3104-2000 – Televendas: 0800 0 16 00 04
www.editorasantuario.com.br
vendas@editorasantuario.com.br

ISBN 978-65-5527-386-1